Edle Einladungskarten

Einladungen haben immer einen schönen Anlass. Sei es ein runder Geburtstag oder ein Jubiläum. Nicht immer ist es einfach, den richtigen Stil zu treffen, der zu einem selbst und dem Fest passt. Daher finden Sie in diesem Buch eine große Vielfalt für Männer und Frauen, Jung und Alt, edles und modernes Ambiente. Einladungskarte, Menükarte und Tischkarte sind immer harmonisch aufeinander abgestimmt.

Dank ausdruckbarer Vorlagen auf CD lassen sich die Karten schnell und einfach anfertigen, sodass sie auch in großer Anzahl nachgearbeitet werden können. Zitate und Einladungstexte geben Anregungen, wie Sie die Einladung am besten formulieren.

Wir wünschen Ihnen viel Freude beim Organisieren und Basteln! Feiern Sie schön!

Helene Ludwig

Sprüche und Zitate

Jeder, der sich die Fähigkeit erhält, Schönes zu erkennen, wird nie alt werden. (Franz Kafka)

Mit vierzig beginnt das Altsein der Jungen, mit Fünfzig das Jungsein der Alten. (Aus Frankreich)

Ein Leben ohne Feste ist wie ein langer Weg ohne Gasthäuser. (Demokrit)

Alter ist irrelevant, es sei denn, du bist eine Flasche Wein. (Joan Collins)

Das Geheimnis des Erfolges ist zu wissen, wie man abwartet. (Joseph Comte de Maistre)

Die junge Generation hat auch heute noch Respekt vor dem Alter, allerdings nur noch beim Wein, beim Whisky und bei den Möbeln. (Truman Capote)

Getane Arbeiten sind angenehm. (Marcus Tullius Cicero)

Entscheidend ist nicht, wie alt ich werde, sondern wie ich alt werde.

Das Alter hat auch gesundheitliche Vorteile: zum Beispiel verschüttet man ziemlich viel von dem Alkohol, den man trinken möchte. (André Gide)

Mit zwanzig regiert der Wille, mit dreißig der Verstand und mit vierzig das Urteilsvermögen. (Benjamin Franklin)

Das Alter lässt sich leichter ertragen, wenn man den Faltenwurf im Gesicht als künstlerische Drapierung betrachtet. (Vivian Leigh)

Wir können die Windrichtung nicht bestimmen, aber wir können die Segel richtig setzen!

Die ersten vierzig Jahre unseres Lebens liefern den Text, die folgenden dreißig Jahre den Kommentar dazu. (Arthur Schopenhauer)

Das wahre Geheimnis des Erfolgs ist die Begeisterung. (Walter Chrysler)

Je älter man wird, desto ähnlicher wird man sich selbst. (Maurice Chevalier)

Mit Fünfzig ist man so jung, dass man noch viele Dummheiten machen kann – aber alt genug, um sich die richtigen auszusuchen.

Im Grunde haben die Menschen nur zwei Wünsche: Alt zu werden und dabei jung zu bleiben. (Peter Bamm)

Nicht die Jahre in unserem Leben zählen, sondern das Leben in unseren Jahren zählt. (Adlai E. Stevenson)

Wahre Lebensweisheit bedeutet im Alltäglichen das Besondere zu erkennen. (Pearl)

IHRE GRUNDAUSSTATTUNG

Die folgenden Materialien und Hilfsmittel sollten Sie zur Hand haben. Sie werden in den einzelnen Materiallisten nicht gesondert angeführt.

- große Schere
- Nagel- oder Silhouettenschere
- evtl. Papierschneidemaschine
- Lineal, Skalpell und Schneideunterlage
- Bleistift
- Radiergummi
- Kopierpapier in Weiß (das ist ganz gewöhnliches Schreibpapier)
- Bürolocher oder Lochzange
- PC mit Farbdrucker

Einige Hinweise

Doppelseitige Klebebänder: Es gibt im Fachhandel transparente, doppelseitige Klebebänder mit und ohne Schaum in unterschiedlichen Ausführungen. Sie sind empfehlenswert, da es mit ihnen keine Kleberfäden und unsaubere Stellen gibt. Die Papiere wellen sich nicht und es sind keine Trockenzeiten abzuwarten. Mit Schaumklebebändern entstehen interessante dreidimensionale Effekte. Alternativ sind auch Schaumklebepunkte erhältlich. Ihre Klebekraft ist geringer als die der Bänder, dafür kann man mit ihnen aber mühelos auch sehr kleine oder filigrane Elemente mit Abstand aufkleben.

Grammaturen zu den Bezeichnungen beim Papier:
Tonpapier oder Briefbögen: 100-130 g/m²
Tonkarton oder Karten: 190-220 g/m²
Fotokarton: 300 g/m²

WEITERFÜHRUNG

Einige Hinweise

Druckereignung: Viele interessante Papiere, gerade auch transparente Sorten, sind für die Bedruckung mit haushaltsüblichen Druckern geeignet. Besonders bei Laserdruckern oder Kopierern sollten aber unbedingt die Herstellerangaben berücksichtigt werden. Für die Modelle im Buch wurde ein Tintenstrahldrucker verwendet. Zu beachten ist, dass sich manche Papiere problemlos nur auf einer Seite, nicht aber auf beiden bedrucken lassen. Deshalb empfiehlt es sich, grundsätzlich einen Test durchzuführen. Ältere Drucker haben bei glatten Papieren Schwierigkeiten mit der Papierzuführung, weil die Rollen im Einzugsbereich durch Staub und Ablagerungen nicht mehr ausreichend griffig sind. Man kann diesen Druckerbereich einfach reinigen. Der Fachhandel berät gerne.

Lochen: Bei manchen Modellen müssen Löcher gestanzt werden, um beispielsweise Bänder anzubringen. Meistens kann man dafür einen herkömmlichen Bürolocher verwenden. Es gibt im Fachhandel aber auch preiswerte kleine Lochzangen oder Revolverlochzangen, mit denen man Löcher in unterschiedlichen Größen stanzen kann.

Papierstreifen: An manchen Karten werden umlaufende Papierstreifen angebracht. Diese werden befestigt, indem die Enden der Streifen auf die Rückseite oder die Innenseite der Karte geknickt und dort mit einem Streifen transparentem Klebeband fixiert werden.

Umlaufende Bänder: Bänder und Kordeln geben manchen Karten den letzten Schliff. Bei einigen Modellen wird ein Stück Band quer oder längs um die Karte geknotet. Der Empfänger öffnet die Karte wie ein Geschenk. Alternativ kann die Karte auch im Falz eingeschnitten werden, so dass das Band oder die Kordel nur um die Kartenvorderseite geknotet werden kann. Auf diese Weise kann man die Karten öffnen, ohne den Knoten oder die Schleife lösen zu müssen.

Vorlagen übertragen: Benötigte Vorlagen von der CD zunächst auf ein beliebiges Papier ausdrucken und entlang der Konturen ausschneiden. Um die vorbereiteten Vorlagen auf das entsprechende Papier zu übertragen, die Vorlagen einfach auf das gewünschte Papier legen und mit einem Bleistift umfahren. Ausschneiden und aufkleben – fertig!

Falten und Knicken: Zum sauberen Falten oder Knicken von Karten und Papier ist die Verwendung eines Falzbeins zu empfehlen. Dieses traditionelle Hilfsmittel ist im Fachhandel erhältlich. Es besteht meistens aus einem Stück speziell ausgewähltem Kunststoff oder aus Rinderknochen, der hart genug ist, um die Knicke flach reiben zu können, jedoch auch weich genug, um das Papier nicht unnötig zu strapazieren oder glänzende Spuren zu hinterlassen. Mit Hilfe eines Lineals kann man mit der abgerundeten Spitze des Falzbeins eine Faltlinie auf der Außenseite auch vorprägen. Durch die Prägung fällt das exakte Falten wesentlich leichter und es gibt an der Falzstelle keine Brüche.

So wird's gemacht

Embossing-Technik

Für das Stempeln mit Embossingeffekt benötigen Sie besondere Pigmentstempelkissen und Embossingpulver. Beides erhalten Sie im Bastelfachhandel.

1 Das Stempelgummi mit dem Stempelkissen gleichmäßig einfärben. Wichtig: Nicht mit viel Druck arbeiten, stattdessen mehrfach tupfen. Motiv oder Schriftzug aufstempeln.

2 Auf den noch feuchten Stempelabdruck großzügig Embossingpulver streuen. Es besteht kein Grund zur Eile, da die Pigmentfarbe nur sehr langsam trocknet.

3 Das überschüssige Pulver auf ein geknicktes Blatt Papier abschütteln. Darauf achten, dass keine Körnchen um das Motiv herum haften bleiben. Abhilfe schafft leichtes Schnippen gegen die Rückseite oder ein trockener Pinsel. Mithilfe der „Papierrinne" das Pulver zurück in die Dose schütten.

4 Das Motiv über einem Toaster erhitzen. Das feine Pulver verschmilzt zu erhabenen Konturen und einer reliefartigen Oberfläche mit Glanzeffekt. Zum Verschmelzen eignen sich auch Bügeleisen, Herdplatte oder die spezielle Heat Gun (im Fachhandel). Der Vorgang ist abgeschlossen, wenn die Pulverschicht glänzt, bzw. nicht mehr körnig ist. Danach sollte das Motiv nicht mehr erhitzt werden, da die Pulverschicht sonst wieder flach wird.

Hinweis: Mit „Stempeln" sind in den Anleitungen immer die Schritte 1 bis 4 der Embossing-Technik gemeint.

1

2

3

4

Ein Sommertag

→ mit strahlenden Gästen

MATERIAL FÜR ALLE KARTEN

- Stempelkissen in Farblos
- transparentes Klebeband
- Schaumklebeband, 2 mm stark

EINLADUNG

- Stempel „Einladung Blume Solo“
- Embossingpulver in Platin
- Doppelkarte in Hellblau metallic, B6
- Tonkarton in Sonnengelb, 7,5 cm x 12 cm
- Crinklepapier in Perlgelb, 7 cm x 12 cm
- Tonkarton in Blau, 6,7 cm x 11 cm
- Tonkarton in Weiß metallic, 4,5 cm x 9,7 cm
- Transparentpapier in Lichtgelb, A4 (Einlegeblatt)
- Satinband in Hellgelb und Hellblau, 3 mm breit, je 25 cm lang
- Bastelkleber

MENÜKARTE

- Stempel „Menü Blume Solo“
- Embossingpulver in Weiß
- Crinklepapier in Perlgelb, 15 cm x 25 cm
- Tonkarton in Weiß metallic, 7 cm x 13 cm
- Transparentpapier in Himmelblau, 9,5 cm x 17 cm
- Tonkarton in Sonnengelb, 2 cm x 3 cm
- Transparentpapier in Lichtgelb, A4 (Einlegeblatt)
- Tonkarton in Blau, 4 cm x 10 cm
- Satinband in Hellgelb und Hellblau, 3 mm breit, je 55 cm lang
- Lackmaler in Weiß, Strichstärke 0,8 mm

Einladung

1 Das Motiv auf den weißen Tonkarton stempeln und diesen mit Klebeband auf den blauen Tonkarton kleben. Den gelben Tonkarton und das Crinklepapier wie abgebildet mit Klebeband auf die Kartenvorderseite kleben. Das Motivteil mit Schaumklebeband befestigen.

2 Die beiden Bänder in der Mitte einmal verknoten. Am Knoten einen kleinen Tropfen Bastelkleber aufbringen und die Bänder aufkleben.

Menükarte

1 Das Crinklepapier zur Doppelkarte falten. Mit dem transparenten Klebeband den Tonkarton in Weiß metallic aufkleben.

2 Das Transparentpapier in der Mitte falten. Auf die rechte Seite das Motiv stempeln. Das Transparentpapier um die Karte legen, die überstehenden Enden jeweils umknicken und auf der Innenseite mit einem Streifen Klebeband befestigen.

3 Den Menüstempel auf den sonnengelben Tonkarton stempeln und das Herz in der Mitte konturnah ausschneiden. Dieses Herz mit dem 2 mm dicken Schaumklebeband auf der Menükarte anbringen.

4 Aus dem blauen Tonkarton ein schwungvolles Namensschild schneiden, dieses am schmalen Ende lochen und mit dem Lackmaler den Namen eines Gastes darauf schreiben.

5 Die Satinbänder wie abgebildet um die Karte binden und beim Verknoten das Namensschild befestigen.

Magic Moments

Anleitung auf Seite 10/11

Luise Ehrenfeld
Menükarte

Magic Moments

→ unvergessliche Stunden

MATERIAL FÜR ALLE KARTEN

- Stempelkissen in Farblos
- transparentes Klebeband

EINLADUNG

- Stempel „Einladung"
- Embossingpulver in Perlgrün
- Prägekarton Klassik in Lindgrün, 23 cm x 33 cm
- Tonkarton in Nougat metallic, 7,5 cm x 12,5 cm
- Tonpapier in Nougat metallic, 14,85 cm x 21 cm (Einlegeblatt)
- Tonpapier Leinen in Lindgrün metallic, 7 cm x 12 cm
- Tonkarton in Graugrün, A4 (Zuschnitt je Buchstabe 6 cm x 9 cm)
- Satinband in Achatgrün, 6 mm breit, 35 cm lang
- Schaumklebeband, 2 mm stark

MENÜKARTE

- Stempel „Menükarte"
- Embossingpulver in Kupfer
- Tonpapier in Nougat metallic, A4 (Einlegeblatt)
- Prägekarton Klassik in Lindgrün, 8 cm x 15 cm
- Satinband in Achatgrün, 6 mm breit, 50 cm lang

TISCHKARTE

- Prägekarton Klassik in Lindgrün, 3 cm x 23 cm
- Tonkarton in Graugrün, A4 (Zuschnitt 2 cm breit, beliebig lang)
- Satinband in Achatgrün, 6 mm breit, 10 cm lang

Einladung

1 Den Schriftzug auf das Tonpapier stempeln und dieses mit Klebeband auf den Tonkarton in Nougat kleben. Auf den graugrünen Tonkarton die passenden Initialen drucken und mit dem Skalpell ausschneiden. Die Schneidematte gibt dem Skalpell eine gute Führung für exaktes und müheloses Schneiden und die Einschnitte verschließen sich von selbst. Die Buchstaben und Ziffern auf der CD sind alle gespiegelt, so dass die bedruckte Seite auf der Karte nicht mehr zu sehen ist. Dadurch ist es auch unproblematisch, wenn die eine oder andere Linie nicht exakt geschnitten ist.

2 Von der rechten und der linken Seite des Prägekartons jeweils ein Viertel nach vorne falten. Bitte beachten Sie die Hinweise zum Falten auf Seite 4.

3 Auf das nougatfarbene Tonpapier den Einladungstext in Dunkelgrün drucken und den Zuschnitt mit Klebeband in die Karte kleben.

4 Das Motivteil mit dem Schaumklebeband auf einer Klappe ankleben. Unterhalb in jede Klappe ein kleines Loch stanzen und das Band wie abgebildet anbringen.

Menükarte

Das Tonpapier mit dem Menü bedrucken, an den Rand den Schriftzug stempeln. Den Prägekarton aufrollen und die Enden zusammenkleben. Den Menübogen aufrollen und in die Banderole schieben. Schließlich das Satinband um die Menükarte binden.

Tischkarte

Auf den Tonkarton die Namen der Gäste drucken und die Streifen zuschneiden. Den Tonkarton und den Prägekarton lochen und mit dem Satinband zusammenbinden.

Ein Prosit

→ Augenschmaus und Gaumenfreuden

MATERIAL FÜR ALLE KARTEN

- Stempelkissen in Farblos
- transparentes Klebeband

EINLADUNG

- Stempel „Sektgläser"
- Embossingpulver in Dunkelrot
- Maulbeerpapier in Burgund, 2 x 10 cm x 17 cm
- Tonpapier in Weiß, 10 cm x 17 cm
- Transparentpapier in Hellblau, A4 (Zuschnitt 10 cm x 17 cm)
- Tonkarton in Weiß, A4 (Zuschnitt 10 cm x 17 cm)
- Tonkarton in Himmelblau, 3,7 cm x 14,8 cm
- Aquarellpapier satiniert, 3,4 cm x 9,9 cm
- Satinband in Bordeaux, 3 mm breit, 25 cm lang
- Satinband in Himmelblau, 6 mm breit, 30 cm lang
- Aquarellfarbe in Himmelblau
- feiner Aquarellpinsel

MENÜKARTE

- Stempel „Köstlichkeiten"
- Embossingpulver in Silber
- Maulbeerpapier in Bordeaux, 15,5 cm x 31 cm
- Tonkarton in Weiß, A4 (Zuschnitt 14 cm x 14 cm, (Einlegeblatt)
- Tonkarton in Weiß, 6,8 cm x 7,8 cm
- Transparentpapier in Hellblau, 6,5 cm x 7 cm
- Tonkarton in Himmelblau, 5,5 cm x 6 cm
- Schaumklebeband, 1 mm stark
- Voileband in Bordeaux, 15 mm breit, 20 cm lang

Einladung

1 Das Motiv auf das Aquarellpapier stempeln und mit der Farbe wie abgebildet kolorieren. Die verschiedenen Farbnuancen entstehen dadurch, dass die Farbe unterschiedlich stark mit Wasser verdünnt wird.

2 Das Aquarellpapier auf den himmelblauen Tonkarton und diesen auf ein Stück Maulbeerpapier kleben.

3 Auf das Tonpapier ein Gedicht oder Zitat drucken (siehe auf den Seiten 2/3 sowie das Ringelnatzgedicht auf der CD), auf das Transparentpapier den persönlichen Einladungstext. Alle Papiere zuschneiden, in der Mitte der oberen Kante lochen und mit den beiden Bandstücken zusammenfassen.

Menükarte

1 Das Maulbeerpapier zur Doppelkarte falten. Die Kartenvorderseite entsprechend der Abbildung nach vorne knicken, lochen und das Voileband anbringen.

2 Das Motiv auf den blauen Tonkarton stempeln. Alle Papierstücke auf die Menükarte kleben, dabei für das oberste Stück Schaumklebeband verwenden.

Köstlichkeiten
Einladung

Blaublütig

Anleitung auf Seite 16/17

Heinrich Hofstein
Menu
Bouche

MATERIAL
EINLADUNG

- Stempel „Einladung“
- Stempel „Blüte“
- Stempelkissen in Farblos
- Embossingpulver in Platin
- Doppelkarte Lederoptik in Weiß, A5
- Transparentpapier in Wasserblau, 2 x A4 (Zuschnitt 9 cm x 21 cm + Einlegeblatt)
- Tonkarton in Hellblau metallic, 7 cm x 7 cm
- Tonkarton in Königsblau, 5 cm x 5 cm
- Tonkarton Lederoptik in Ivory, 7 cm x 7 cm
- Voileband in Champagner, 40 mm breit, 60 cm lang
- transparentes Klebeband
- Schaumklebeband, 1 mm stark
- Schaumklebeband, 2 mm stark

MENÜKARTE

- Stempel „Menü“
- Stempelkissen in Royalblau
- Embossingpulver in Transparent
- Tonkarton in Hellblau metallic, 5,5 cm x 7,5 cm
- Tonkarton Lederoptik in Ivory, 6 cm x 8 cm
- Transparentpapier in Weiß, A4 (Einlegeblatt)
- Voileband in Champagner, 25 mm breit, 30 cm lang
- 2 selbstklebende Strasssteine in Hellblau, ø 5 mm

TISCHKARTE

- Tischkarte Lederoptik in Weiß, A7
- Tonkarton in Königsblau, A4 (Zuschnitt 2,3 cm x 10,2 cm)
- Transparentpapier in Weiß, 7 cm x 7 cm
- selbstklebender Strassstein in Hellblau, ø 5 mm

Blaublütig

→ erlesene Farbharmonie

Einladung

1 Den Schriftzug in die rechte untere Ecke der Karte stempeln.

2 Das Transparentpapier mit dem Hintergrundmotiv bedrucken und passend zuschneiden. Das bedruckte Papier auf die Kartenvorderseite legen, den linken Rand nach hinten knicken und mit einem Streifen Klebeband entlang des Kartenfalzes befestigen.

3 Die Blüte auf den Tonkarton in Ivory stempeln und ausschneiden. Die beiden Kartonquadrate mit Klebeband aufeinander kleben, die Blüte mit dem 2 mm starken Schaumklebeband anbringen und das fertige Motivteil wie abgebildet mit 1 mm starkem Schaumklebeband befestigen.

Menükarte

1 Auf das Transparentpapier das Motiv drucken. Den Menütext mit einem linken Seitenrand von 7 cm anlegen und nach dem Trocknen des Motivs aufdrucken.

2 Den Schriftzug auf den hellblauen Tonkarton stempeln und diesen mit dem Klebeband auf den Tonkarton in Ivory kleben. Mit der Lochzange ein Loch in den oberen Teil des Buchstabens „e“ stanzen.

3 Die Menükarte rollen, das Voileband darum knoten, die Bandenden durch das Loch im Textschild fädeln und auf der Oberseite noch einmal leicht verknoten.

4 Zwei Strasssteine auf die Ü-Punkte kleben.

Tischkarte

1 Auf den blauen Tonkarton die Namen der Gäste drucken, die Streifen zurechtschneiden und jeweils einen mit dem transparenten Klebeband auf eine Tischkarte kleben.

2 Das Motiv mit dem royalblauen Stempelkissen und dem Embossingpulver in Transparent aufstempeln und konturnah ausschneiden. Die fertige Blüte mit einem selbstklebenden Strassstein verzieren und mit einem kleinen Stück des 2 mm dicken Schaumklebebands auf der Tischkarte befestigen.

Savoir vivre

→ für unbeschwerten Genuss

MATERIAL FÜR ALLE KARTEN

- Stempelkissen in Farblos
- selbstklebende Swarovski-Kristalle in Rosa, ø 1,5 mm und 2,5 mm
- transparentes Klebeband, 3 mm breit
- Schaumklebeband, 2 mm stark

EINLADUNG

- Stempel „Einladung“
- Embossingpulver in Transparent
- Doppelkarte in Rosa metallic, A5
- Tonkarton „Starlight“ in Dunkelbraun, 5 cm x 19 cm
- Transparentpapier „Lorbeer“, 8 cm x 15 cm
- Tonkarton in Rosé, 8,5 cm x 15,5 cm
- Crinklepapier in Perlrosa, 7 cm x 10 cm
- Transparentpapier in Rosa, 7 cm x 10 cm
- Tonkarton in Braun, 2 cm x 17 cm
- Transparentpapier in Weiß, A4 (Einlegeblatt)

MENÜKARTE

- Stempel „Menü“
- Embossingpulver in Platin
- Tonkarton „Starlight“ in Dunkelbraun, 20 cm x 29,7 cm
- Transparentpapier „Lorbeer“, 10,5 cm x 29,7 cm
- Tonkarton in Braun, 2 cm x 20 cm
- Crinklepapier in Perlrosa, 7 cm x 10 cm
- Transparentpapier in Rosa, 7 cm x 10 cm
- Transparentpapier in Weiß, A4 (Einlegeblatt)
- Satinband in Rosenholz, 3 mm breit, 70 cm lang

Einladung

1 Den Tonkarton in Rosé mit dem Klebeband in die Mitte der Kartenvorderseite kleben. Die Vorlagen wie auf Seite 4/5 beschrieben vorbereiten und mit ihrer Hilfe den Stiel und die beiden Blütenteile ausschneiden.

2 Den Schriftzug auf den dunkelbraunen Karton stempeln. Das Transparentpapier und den Blütenstiel wie abgebildet auf die Karte legen.

3 Einen 11 cm langen Streifen vom 2 mm starken Schaumklebeband so darüber kleben, dass sowohl das Transparentpapier als auch der Blütenstiel fixiert sind. Nun die Schutzfolie vom Schaumklebeband entfernen und das Textschild aufkleben, die überstehenden Enden nach hinten knicken und dort mit einem Streifen Klebeband befestigen.

4 Die Blüte ebenfalls mit doppelseitigem Klebeband anbringen, dabei dieses nur jeweils am unteren Rand verwenden, so dass die Blütenteile nicht flach anliegen. Schließlich die Kristalle aufkleben.

Menükarte

1 Den Tonkarton längs zur Doppelkarte falten.

2 Den Schriftzug auf das Transparentpapier stempeln, dieses wie abgebildet auf die Kartenvorderseite legen, den überstehenden linken Rand nach hinten knicken und dort mit einem Streifen Klebeband befestigen.

3 Aus dem braunen Tonkarton, dem Crinklepapier und dem Transparentpapier mit den entsprechenden Vorlagen die Blütenteile ausschneiden. Den Stiel und die beiden Blütenteile an deren unterem Rand wie bei der Einladung mit Klebeband montieren. Um Dreidimensionalität zu erzeugen, die obere Blüte in der Mitte zusätzlich mit 2 mm starkem Schaumklebeband unterfüttern.

4 Die Kristalle aufkleben. Das Satinband zweimal um die Karte binden und auf dem Blütenstiel verknoten.

Der beste Augenblick

→ ist immer jetzt

MATERIAL FÜR ALLE KARTEN

- Stempelkissen in Farblos
- Embossingpulver in Silber
- transparentes Klebeband

EINLADUNG

- Stempel „Einladung"
- Doppelkarte Lederoptik in Terra, E6
- Strukturpapier in Rot, 6 cm x 18 cm
- Transparentkarton in Weiß, A4 (Zuschnitt 6,5 cm x 11 cm)
- Elefantenhaut in Schwarz, 2,7 cm x 9,5 cm
- Transparentpapier in Weiß, A4 (Einlegeblatt)
- Voileband in Rot, 15 mm breit, 50 cm lang

MENÜKARTE

- Stempel „Menükarte"
- Doppelkarte Lederoptik in Terra, A5
- Strukturpapier in Rot, 6 cm x 21 cm
- Transparentkarton in Weiß, A4 (Zuschnitt 6,5 cm x 17 cm)
- Elefantenhaut in Schwarz, 7,5 cm x 7,5 cm
- Transparentpapier in Weiß, A4 (Einlegeblatt)
- Voileband in Rot, 25 mm breit, 30 cm lang

Einladung

1 Den Streifen Strukturpapier auf die Kartenvorderseite kleben und die überstehenden Enden abschneiden.

2 Auf die Elefantenhaut den Schriftzug linksbündig stempeln. In das rechte Ende ein Loch stanzen.

3 Das Voileband wie abgebildet um die Karte knoten, beide Enden durch das Loch des Textschilds fädeln und noch einmal locker verknoten.

4 Auf den Transparentkarton das Motiv drucken und ausschneiden. Den Karton auf die Karte legen und die beiden Schnittlinien mit einem weichen Bleistift auf der Kartenvorderseite markieren. Mit Hilfe des Lineals und Skalpells die Schnitte setzen und die Enden des Motivteils durchstecken. Eventuell noch sichtbare Bleistiftlinien mit einem Radierer entfernen. Auf der Innenseite der Karte können die Enden mit jeweils einem Streifen Klebeband fixiert werden.

Menükarte

1 Den Schriftzug rechts unten auf die Elefantenhaut stempeln und das Textschild in der linken oberen Ecke lochen.

2 Das Motiv auf den Transparentkarton drucken und den Streifen zuschneiden.

3 Das Strukturpapier mit dem Klebeband auf die Kartenvorderseite kleben. In die Mitte des Strukturpapierstreifens, etwa 6,5 cm vom oberen Kartenrand entfernt, mit dem Skalpell einen ungefähr 2,5 cm breiten horizontalen Schnitt durch beide Papiere setzen. Das Band durchziehen, beide Enden durch das Loch des Textschilds fädeln und auf der Vorderseite verknoten.

Tipp: Für die Tischkarte bedrucken Sie weißes Papier mit dem Namen des Gastes. Schneiden Sie es zu einem schmalen Streifen, verkleben Sie die Enden und legen Sie das Band um einen Kieselstein.

Leben, Lieben, Lachen

Anleitung auf Seite 24/25

Gerald
Lachen
Lieben
Leben
Bit
SUN

Leben, Lieben, Lachen

→ was das Herz begehrt

MATERIAL FÜR ALLE KARTEN
- Stempelkissen in Farblos
- Embossingpulver in Kupfer
- transparentes Klebeband

EINLADUNG
- Stempel „Einladung zum Geburtstag“
- Tonpapier „Welle“ in Braun, A4
- Tonkarton in Feuerrot, A4 (Zuschnitt 13 cm x 13 cm, Einlegeblatt)
- Band Vichy-Karo in Braun, 15 mm breit, 30 cm lang
- Satinband in Feuerrot, 6 mm breit, 30 cm lang
- Motivlocher „Kreis“, ø 25 mm

MENÜKARTE
- Stempel „Menü“
- Tonpapier „Welle“ in Braun, 10,5 cm x 29,7 cm
- Tonkarton in Feuerrot, A4 (Zuschnitt 10 cm x 14 cm, Einlegeblatt)
- Tonpapier Lederoptik in Olive, 3 cm x 6 cm

TISCHKARTE
- Tonpapier Lederoptik in Olive, 10 cm x 16 cm
- Tonpapier „Welle“ in Braun, 8 cm x 16 cm
- Tonkarton in Feuerrot, 4 cm x 11 cm und A4 (Zuschnitt 3 Stücke 3 cm x 3 cm)
- Band Vichy-Karo in Braun, 15 mm breit, 80 cm lang
- Satinband in Feuerrot, 6 mm breit, 80 cm lang
- Schaumklebeband, 1 mm stark
- Embossingstift in Farblos
- Bierflasche

Einladung

1 Die Faltlinien auf die Rückseite des braunen Tonpapiers drucken und dieses entsprechend der Abbildung falten. Den Schriftzug aufstempeln.

2 Den Einladungstext entsprechend des Endformats einrichten und in Dunkelbraun auf den feuerroten Tonkarton drucken. Den Tonkarton zuschneiden und mit Klebeband auf die Innenseite der Karte kleben. Mit dem Motivlocher wie abgebildet die zwei Kreise ausstanzen und mit den Bändern die Karte verschließen.

Menükarte

1 Das braune Tonpapier wie abgebildet falten. Auf die rechte Klappe den Schriftzug stempeln, aus der linken zwei Kreise ausstanzen. Das Menü in Dunkelbraun auf den roten Tonkarton drucken. Diesen zuschneiden und mit Klebeband in der Karte befestigen.

2 Mit dem Motivlocher aus dem olivfarbenen Tonpapier zwei Kreise ausstanzen und beide in der Mitte bis zur Hälfte einschneiden. Die beiden Kreise wie abgebildet ineinanderstecken und mit Klebeband so auf den beiden Klappen anbringen, dass damit die Karte verschlossen wird. Der Gast kann die beiden Hälften des Knopfes auseinander ziehen und die Karte öffnen.

Tischkarte

1 Auf den feuerroten Tonkarton die Worte „Leben", „Lieben" und „Lachen" drucken und sie mit dem Motivlocher ausstanzen. Das olivfarbene Tonpapier mit dem Klebeband an der Flasche befestigen.

2 Aus dem braunen Tonpapier zwei nebeneinanderliegende Kreise ausstanzen und die Bänder entsprechend der Abbildung anbringen. Das Tonpapier über dem olivfarbenen Papier befestigen. Dafür zunächst ein Ende ankleben, dann das zweite darüber kleben. Da der Papierstreifen lang genug ist, sollte zwischen den Schichten etwas Luft bleiben. Wenn Ihre Flasche einen anderen Durchmesser hat, müssen Sie die Maße der Papiere anpassen.

3 Die bedruckten Punkte mit dem Schaumklebeband aufkleben. Auf das Namensschild mit Embossingstift und Embossingpulver den Namen eines Gastes schreiben. An einer Seite einen Kreis ausstanzen und das Namensschild über den Kronkorken ziehen. Sollte der Kreis noch etwas zu eng sein, einfach mit einer Schere entlang des Kreisrandes strahlenförmig einige kleine Schnitte setzen.

Tipp: Damit das Bier schön kühl auf den Tisch kommt, sollten Sie es eiskalt lagern und erst kurz vor Ankunft der Gäste auf den Tisch stellen.

MATERIAL FÜR ALLE KARTEN

- Stempelkissen in Farblos
- Embossingpulver in Platin
- digitales Personenfoto

EINLADUNG

- Stempel „Wir feiern meinen Geburtstag"
- Doppelkarte in Linde, Quadrat
- Tonkarton „Starlight" in Mint, 11 cm x 11 cm
- Tonkarton in Ozeangrün, 7,5 cm x 7,5 cm
- Tonkarton in Weiß, A4 (Zuschnitt 7 cm x 7 cm)
- Transparentpapier in Vanille, (Zuschnitt 15,1 cm x 30,2 cm, Einlegeblatt)
- Scrapbookpapier in Grün-Gelb gestreift, 1,5 cm x 15 cm
- Organzaband in Mintgrün, 6 mm breit, 50 cm lang
- transparentes Klebeband
- Schaumklebeband, 1 mm stark
- Schaumklebeband, 2 mm stark

MENÜKARTE

- Stempel „Menükarte"
- Transparentpapier in Weiß, A4 (Einlegeblatt)
- Transparentkarton in Weiß, A4 (Zuschnitt 14 cm x 29,7 cm)
- Organzaband in Mintgrün, 6 mm breit, 50 cm lang
- Scrapbookpapier in Grün-Gelb gestreift, 2 cm x 29,7 cm
- passende Kerze mit Kerzenglas

Quadratisch!

→ nichts für Querköpfe

Einladung

1 Den Tonkarton Starlight mit 1 mm dickem Schaumklebeband auf die Kartenvorderseite kleben. Das persönliche Foto mit Hilfe der CD bearbeiten, auf den weißen Tonkarton drucken und ausschneiden. Das Foto mit Klebeband auf den grünen Tonkarton kleben und diesen mit dem 2 mm dicken Schaumklebeband auf der Karte befestigen.

2 Den Schriftzug auf das gestreifte Papier stempeln. Auf der linken Seite ein Loch stanzen. Das Organzaband wie abgebildet um die Karte binden und den Textstreifen an der Schleife befestigen.

Menükarte

1 Das persönliche Bild in der Größe 14 cm x 14 cm auf den Transparentkarton drucken und diesen zuschneiden. Den Streifen Scrapbookpapier mit dem transparenten Klebeband entlang der unteren Kante befestigen.

2 Die zwei schmalen Kanten des „Lampenschirms" aufeinanderlegen und in gleichmäßigen Abständen sieben Löcher stanzen. Den Karton aufrollen und die beiden Kanten mit dem Organzaband verbinden, indem mit einem Bandende durch die Löcher in einer Art „Auf-und-Ab-Stich" von der oberen Kante zur unteren und wieder zurück gefädelt wird. Abschließend die beiden Enden verknoten.

3 Sicherheitshalber sollte die Kerze in der Tischleuchte in ein Glas gestellt werden.

4 Den Text im Querformat anlegen und auf das Transparentpapier drucken. Den Schriftzug wie abgebildet aufstempeln. Das Transparentpapier aufrollen und in die Leuchte stecken.

MENÜKARTE
Wir feiern meinen Geburtstag!

Zum Tanz

→ eine vielversprechende Einladung

MATERIAL FÜR ALLE KARTEN

- Stempelkissen in Farblos
- Embossingpulver in Platin

EINLADUNG

- Stempel „Tanzend“
- Doppelkarte in Weiß metallic, DL
- Transparentpapier in Weiß, 2 x A4 (Zuschnitt 7 cm x 29,7 cm, Umschlag und Einlegeblatt)
- Tonkarton in Himbeer, 4 cm x 10 cm
- Satinband in Rosa, 3 mm breit, 50 cm lang
- Schaumklebeband, 2 mm stark

MENÜKARTE

- Stempel „Menü“
- Tonkarton in Weiß metallic, A4 (Einlegeblatt)
- Transparentkarton in Weiß, A4
- Tonkarton in Himbeer, 3 cm x 9 cm
- Satinband in Rosa, 3 mm breit, 20 cm lang

Einladung

1 Das Motiv auf das Transparentpapier drucken und zuschneiden. Den Streifen auf die Karte legen, die überstehenden Enden nach hinten knicken und dort mit Klebeband befestigen.

2 Das Motiv wie abgebildet auf den Tonkarton stempeln. Unterhalb des Tanzpaares das Satinband um den Karton wickeln und eine schwungvolle Schleife binden.

3 Das fertige Motivteil mit dem Schaumklebeband auf der Karte anbringen.

Menükarte

1 Den Schriftzug auf den himbeerfarbenen Tonkarton stempeln und diesen in der linken oberen Ecke lochen.

2 Den Transparentkarton mit dem Motiv bedrucken und nach dem Trocknen längs falten.

3 Das Menü auf den Tonkarton in Weiß metallic drucken. Falls der Karton für den Drucker zu voluminös ist, kann alternativ auch ein Briefbogen in der gleichen Farbe verwendet werden.

4 Den Bogen ebenfalls längs falten und in den Mantel aus Transparentkarton einlegen.

5 Am linken Rand in der Mitte ein Loch durch alle Papiere stanzen, das Satinband durchfädeln und locker verknoten. Dabei auch das Textschild befestigen.

MENÜ
TANZEN
LACHEN
UNTERHALTEN
SPRECHEN
HERZLICHE
EINLADUNG
GENIESSEN
ERLEBEN
SWINGEN

Ein guter Grund zum Feiern
50
50. Geburtstag vor
Kalte Vorspeisen
Köstlichkeiten am Buffet

Ein Grund zum Feiern

→ prickelndes Vergnügen

MATERIAL FÜR ALLE KARTEN

- Stempelkissen in Farblos
- Embossingpulver in Gold
- transparentes Klebeband
- Schaumklebeband, 2 mm stark

EINLADUNG

- Stempel „Ein guter Grund zum Feiern"
- Doppelkarte in Nachtblau metallic, B6
- Transparentpapier in Weiß, A4 (Zuschnitt 6 cm x 21 cm)
- Transparentpapier in Vanille, A4 (Einlegeblatt)
- Tonkarton in Classicblue, 7 cm x 9 cm
- Tonkarton in Champagner metallic, 6 cm x 8 cm
- Tonkarton in Weiß metallic, 2 cm x 2,5 cm
- Band Vichy-Karo in Dunkelblau, 5 mm breit, 45 cm lang

MENÜKARTE

- Stempel „Köstlichkeiten am Buffet"
- Doppelkarte in Nachtblau metallic, B6
- Transparentpapier in Weiß, 3 cm x 21 cm
- Tonkarton in Classicblue, 5,5 cm x 6,5 cm
- Tonkarton in Champagner metallic, 5 cm x 6 cm
- Tonkarton in Weiß metallic, A4 (Zuschnitt A6, Einlegeblatt)
- Kordel in Champagner, 3 mm dick, 20 cm lang
- Band Vichy-Karo in Dunkelblau, 5 mm breit, 40 cm lang
- Lackmaler in Gold, Strichstärke 0,8 mm
- Falzbein
- Lineal

WEITERFÜHRUNG

Ein Grund zum Feiern

Einladung

1 Das Motiv auf den Tonkarton in Champagner stempeln und diesen mit Klebeband auf den Karton in Classicblue kleben. Das Motiv auf den Tonkarton in Weiß stempeln, den Sektkorken ausschneiden und diesen mit Schaumklebeband wie abgebildet auf dem Motiv anbringen.

2 Die passende Jubiläumszahl rechts von der Mitte auf das Transparentpapier drucken und den Streifen zuschneiden. Das bedruckte Transparentpapier auf die Kartenvorderseite legen, die überstehenden Enden nach hinten knicken und auf der Innenseite der Karte mit zwei Streifen Klebeband befestigen. Das Karoband entlang der unteren Kante des Transparentpapiers um die Karte knoten. Schließlich das Motivteil mit dem Schaumklebeband auf die Karte kleben.

Hinweis: Auf der CD finden Sie mehrere Jubiläumszahlen in verschiedenen Farben zum Ausdrucken. Die Farben wurden für die beliebtesten Metallicfarbtöne zusammengestellt: Rosa, Hellblau, Blau, Aubergine, Baccara, Nachtblau.

Menükarte

1 Von der Kartenvorderseite einen 3 cm breiten Streifen nach vorne knicken. Bitte beachten Sie die Hinweise zum Falten und Knicken auf Seite 4.

2 Den Namen des Gastes mit dem Lackmaler auf die Klappe schreiben.

3 Den Transparentpapierstreifen entsprechend der Abbildung auf die Kartenvorderseite legen, die Enden nach hinten knicken und dort mit Klebeband befestigen. Das Karoband über dem Transparentpapier um den Kartendeckel knoten.

4 Die beiden Seiten der Karte mit Klebeband verschließen, so dass eine Tasche entsteht.

5 Den Schriftzug auf den Tonkarton in Champagner stempeln. Diesen mit Klebeband auf den dunkelblauen Tonkarton kleben. Das Textschild mit Schaumklebeband auf der Menütasche befestigen.

6 Das Menü in Dunkelblau auf den weißen Tonkarton drucken. Als Format eignet sich A6 hervorragend, so dass aus einem Blatt in A4 vier Menükarten gefertigt werden können. Hierfür die Seite im Textprogramm im „Querformat" einrichten.

7 Die fertige Menükarte in der Mitte oben lochen und die Kordel anbringen.

DIESES BUCH ENTHÄLT 1 CD-ROM

Die verwendeten Stempel sind von der Firma Creativ Markt Butterer, Ilona Butterer, Bruchsal

IMPRESSUM

FOTOS: frechverlag GmbH, 70499 Stuttgart; Fotostudio Ullrich & Co., Renningen
DRUCK: frechdruck GmbH, 70499 Stuttgart

Auflage: 5. 4. 3. 2. 1.
Jahr: 2012 2011 2010 2009 2008 [Letzte Zahlen maßgebend]

ISBN 978-3-7724-3695-6
Best.-Nr. 3695